Ingrid Uebe

Bildergeschichten mit Elvira Einstein

Illustrationen von Dorothea Tust

Loewe

Die Deutsche Bibliothek – CIP-Einheitsaufnahme

Bildergeschichten mit Elvira Einstein / Ingrid Uebe.
Ill.: Dorothea Tust.
– 1. Aufl. – Bindlach : Loewe, 1998
(Leseluchs)
ISBN 3-7855-3248-2

Dieses Buch ist auf chlorfrei gebleichtem Papier gedruckt.

ISBN 3-7855-3248-2 – 1. Auflage 1998

Umschlagillustration: Dorothea Tust
Reihengestaltung: Angelika Stubner

Inhalt

Immer diese Hausaufgaben!

Das ist Elvira. Elvira ist sieben.
Sie geht in die erste Klasse.
Sie kann schon gut schreiben
und rechnen und lesen.

Auch sonst ist Elvira sehr schlau.
„So schlau wie Einstein!“, sagt Papa.

Elvira platzt fast vor Stolz.
Einstein war nämlich sehr schlau.
So schlau wie er war sonst keiner!

Elvira geht gern zur Schule.
Nur Hausaufgaben findet sie blöd.

Heute kommt sie nach Hause
und wirft ihren Ranzen in die Ecke.

Dann deckt sie den Tisch.
Mama fragt: „Was hast du denn auf?“
Elvira sagt: „Ich soll ein Tier malen.“

Nach dem Essen verschwindet sie
seufzend in ihrem Zimmer.
Aufgaben machen!

Sie braucht höchstens fünf Minuten.
Mama wundert sich:
„Schon fertig? Zeig doch mal her!“

Da klingelt das Telefon.
Mama läuft hin und hebt den Hörer ab.

Elvira ruft: „Ich geh jetzt spielen!“
Und schon ist sie draußen.

Sie tobt den ganzen Nachmittag
mit ihren Freunden herum.

Abends ist Oma da. Wie schön!
Niemand denkt an Elviras Bild.

Morgens in der Schule
singen alle zuerst ein Lied.

Dann sagt die Lehrerin:
„Jetzt zeigt eure Aufgaben!
Ich bin gespannt, was ihr gemalt habt.“

Max hat einen Tiger gemalt.

Annika hat einen Hund gemalt.

Und Elvira?

Elvira hat einen Punkt gemalt,
einen kleinen schwarzen Punkt.
Mehr nicht!
Die Lehrerin ist sehr erstaunt.
Sie fragt: „Was ist das denn?“

Elvira sagt: „Sieht man doch!
Das ist ein Floh!“

Lust auf Eis

Elvira und Max spielen im Garten.
Puh, ist das heute heiß!

Sie haben einen Gartenschlauch.
Damit können sie sich abkühlen.
Trotzdem ist es noch heiß,
vor allem auf der Zunge.

Elvira und Max brauchen ein Eis.
Am besten zwei Bällchen für jeden!

„Mhm“, sagt Elvira, „am liebsten
mag ich Banane und Zitrone.“

Max sagt: „Ich mag Schokolade
und Aprikose noch lieber.“

Sie schauen sich an. Sie wissen:
Ein Bällchen Eis kostet eine Mark.

Plötzlich ruft Elvira:
„Ich hab eine Idee!“

Elvira rennt ins Haus, Max hinterher.

Elviras Mama liest gerade einen Krimi.
„Mama“, schmeichelt Elvira,
„kriegen wir Geld für ein Eis?
Für jeden nur ein Bällchen!“

Mama holt ihre Handtasche. Super!
Sie findet zwei Markstücke.
Eins für Elvira und eins für Max.

„Danke!“, rufen die beiden
und laufen davon.

Max will sofort zur Eisdiele.
Doch Elvira hält ihn zurück.

Sie flüstert ihm etwas ins Ohr.
„Au ja“, sagt Max, „das ist schlau!“

Sie rennen zu ihm nach Hause.
Max klingelt Sturm.

Seine Mama macht die Tür auf
und fragt: „Was ist denn los?“

„Mama“, schmeichelt Max,
„kriegen wir Geld für ein Eis?
Für jeden nur ein Bällchen!“

Da holt seine Mama zwei Markstücke.
Eins für Max und eins für Elvira.

Die beiden flitzen zur Eisdiele.
Sie kaufen zwei Eis mit zwei Bällchen.

Elvira nimmt Zitrone und Banane,
Max nimmt Aprikose und Schokolade.

Ein Vampir im Bett

Elvira freut sich.
Tante Betty kommt zu Besuch.

Tante Betty gibt Elvira ein Päckchen:
ein flaches Päckchen
in blauem Papier.

Elvira packt das Päckchen aus.
In dem Papier steckt ein Buch.
Ein ganz tolles Buch!
Es handelt von einem Vampir.

Elvira fängt gleich an zu lesen.
Sie liest und liest.
Sie kann gar nicht mehr aufhören.

Dann muss sie leider ins Bett.
Aber Elvira will unbedingt wissen,
wie die Geschichte ausgeht.

Sie knipst die Nachttischlampe an
und liest heimlich weiter.

Doch Papa hat was gemerkt.
Er sieht den hellen Schein
unter der Tür.

„Mach das Licht aus!“, sagt er.
„Jetzt wird geschlafen.“

Elvira kann einfach nicht schlafen.
Sie muss die Geschichte fertig lesen.

Sie holt ihre blaue Bluse.
Die legt sie über die Nachttischlampe.

Jetzt ist das Licht schön schummrig.
Von draußen ist nichts mehr zu sehen.

Elvira liest die Geschichte zu Ende.
Der Vampir kommt noch mal davon.
Ein Glück! Elvira atmet auf.
Der Vampir ist nämlich sehr nett.

Jetzt kann sie die Bluse wegnehmen
und das Licht ausknipsen.

Doch was ist denn das?
Die Bluse qualmt ja!
Und es riecht auch merkwürdig.

Die Lampe hat
ein Loch hineingebrannt!
Oje, die schöne Bluse!

Das Kätzchen

Die Schule ist aus.
Elvira und Annika gehen nach Hause.

Annika sagt: „Komm mit zu mir!
Unsere Minka hat Junge gekriegt.“

Ja, wirklich! Im Katzenkorb liegt
Minka mit ihren fünf Kindern.

„Wie süß!“, ruft Elvira
und streichelt die weichen Felle.

Die Kätzchen klettern heraus
und flitzen durchs Zimmer.
Minka schaut aufmerksam zu,
aber sie hat nichts dagegen.

Das schwarze mit den weißen Pfoten
gefällt Elvira am besten.

Annika sagt: „Du kannst es haben.
Wir können nicht alle behalten."

Ihre Mutter meint: „Natürlich nur,
wenn es deine Eltern erlauben!"

Elvira nickt.
Schon hat sie das Kätzchen im Arm.

Schon steckt sie es unter den Anorak.

Elvira läuft nach Hause.
Zuerst schnell. Dann langsamer.
Was werden ihre Eltern wohl sagen?

Mama sagt: „Oh, nein! Keine Katze!“
Papa sagt: „Bring sie sofort zurück!“

Elvira weint nicht einmal.
Sie nickt und sagt: „Wenn es sein muss, dann heute Abend."

Also gut, das Kätzchen darf bleiben.
Wenigstens bis zum Abend!

Es schleckt ein Schüsselchen Milch.

Es jagt ein Wollknäuel durchs Zimmer.

Es räkelt sich auf dem Teppich.

Es putzt sich die Ohren.

Es streicht um Mamas Beine.

Es klettert auf Papas Schoß.

Viel schneller als sonst wird es Abend.
Elvira fragt: „Soll ich das Kätzchen jetzt wegbringen?“

Mama und Papa sehen sich an.
„Ach, nein“, sagt Mama.
„Lieber doch nicht“, sagt Papa.

Elvira jubelt.
Und das Kätzchen
schnurrt auf dem Sessel.

Das Versteck im Keller

Anfang Dezember backt Mama Plätzchen. Elvira hilft ihr.

Sie backen Zimtsterne, Schokoherzen, Nusskringel, Vanillekipferl und Florentiner. Natürlich naschen sie auch.

Als Papa nach Hause kommt,
stehen überall Schüsseln herum.

Papa nascht auch.
Er sagt: „Mhm! Sind die köstlich!“

Mama lacht. „Ja, heute dürft ihr noch naschen. Morgen ist Schluss!“

Am nächsten Tag sind
die Plätzchen verschwunden.
Mama hat sie versteckt! Aber wo?

Als Mama einkaufen ist,
hat Elvira große Lust auf Plätzchen.
Sie sucht im ganzen Haus.

Sie sucht in der Speisekammer.

Sie sucht im Küchenschrank.

Sie sucht im Schlafzimmer.

Sie sucht auf dem Dachboden.

Sie sucht in der Waschküche.

Sie sucht im Keller.
Dort steht ein riesiger Topf.

Elvira hebt den Deckel.
Da sind die Plätzchen!

Sie nimmt eins. Ehrlich, nur eins!
Also – eins von jeder Sorte.

Sieben Tage schleicht Elvira
zum Topf in den Keller.
Sieben Tage nimmt sie ein Plätzchen.
Klar, eins von jeder Sorte!

Am achten Tag hebt sie den Deckel
und kriegt einen Schreck.

Kein einziges Plätzchen mehr da!
Nur ein Zettel liegt unten im Topf.
Darauf steht:

Zwei Pfirsiche

Es regnet in Strömen.
Es regnet und regnet.

Mama kommt mit zwei Schirmen.
Sie sagt: „Ich muss zum Zahnarzt.
Du kannst solange Susi besuchen."

Elvira zieht einen Flunsch.
Susi ist ihre Kusine
und ziemlich langweilig.

Auf der Straße sind schöne Pfützen.
Kein bisschen langweilig!
Aber Elvira muss zu Susi.

Tante Petra macht die Tür auf.
Sie sagt: „Gib Acht mit dem Schirm!“

Susi ist oben in ihrem Zimmer.
Sie hat die Hausaufgaben längst fertig.
Aber sie rechnet noch. Du meine Güte!

Elvira blickt sich überall um.
Es gibt eine Menge Spielsachen.
Der Kaufladen ist wirklich toll.
Aber Susi will lieber rechnen.

Elvira nimmt eine Puppe vom Sessel.
Susi sagt: „Lass sie da sitzen!“

Elvira geht zum Bücherregal.
Aber sie darf sich kein Buch nehmen.
Susi ist wirklich blöd!

Tante Petra bringt einen Teller.
Darauf liegen zwei Pfirsiche.
Ein großer und ein kleiner.

Susi sagt: „Nimm dir einen!“
Elvira nimmt ohne Zögern
den großen Pfirsich.

Susi runzelt die Stirn.
Dann nimmt sie den kleinen.

Elvira strahlt. Ihr Pfirsich ist gut.
Groß und süß und saftig!

Susi sagt:
„Du weißt nicht, was sich gehört.
Ich hätte den kleineren Pfirsich
genommen."

Elvira grinst. „Den hast du ja jetzt!"

Ingrid Uebe ist in Essen/Ruhr geboren und groß geworden. Seit sie lesen konnte, träumte sie von einem Beruf, der etwas mit Schreiben zu tun hat. Sie wurde Journalistin und ist es mit Leidenschaft immer noch. Seit vielen Jahren schreibt sie – unabhängig von ihrer Tätigkeit für Tageszeitungen und Rundfunkanstalten – Kinder- und Jugendbücher. Ingrid Uebe wohnt in Köln.

Dorothea Tust, 1956 geboren, studierte Grafik-Design mit dem Schwerpunkt Illustration. Seit 1980 ist sie freiberuflich als Illustratorin für verschiedene Verlage tätig. Sie arbeitet außerdem an Trickfilmprojekten und hat schon über 50 Bildergeschichten für „Die Sendung mit der Maus“ gemacht.

Lese Luchs

Zum Schauen und Lesen

Ingrid Kellner
Bildergeschichten mit der Hexe Zippel-Zappel

Manfred Mai
Bildergeschichten mit Freddi Flitzer

Annelies Schwarz
Bildergeschichten mit Berni Bammel

Loewe